Las galletas de la suerte

por Teresa Garviar

Todas las historias son ficción y cualquier parecido con la realidad es pura coincidencia.

ÍNDICE

INTRODUCTION

This book belongs to the *IMPROVE SPANISH READING* series specially written for those people who want to improve their Spanish level and vocabulary in a fun and entertaining way. Each book highlights every level's contents, from beginner to expert.

The stories are thought for people who are tired of reading books in Spanish without understanding them. Due to that, we have used a learning method based on the natural daily dialogues and expressions that, thanks to the summaries of each chapter, vocabulary index and the approach to the Spanish idiomatic culture, will get your Spanish to be more fluent.

At the end of the book you will find a downloadable audio link. Each story is recorded by a native Spanish speaker. With this audio, you can learn how to pronounce Spanish words properly while reading the novel.

The more advanced learning methods affirm that the most natural way of learning a language is close to the way children do. To that effect, these stories turn out to be perfect. It is not about understanding every word we are reading. It is not a reading and translating job. The real way of learning a language is understanding the context. We must be able to create an approximate idea of what the story is telling us, so later we can learn the vocabulary that will help us to find the needed words to express ourselves.

How do we use this learning method?

It is recommended to do a previous reading of the vocabulary before plunging oneself into the story, although this is not absolutely needed.

First of all, we will do a complete reading of each chapter. It does not matter if we do not understand everything we read; at the end of each chapter we will find a summary in Spanish and in English that will allow us to understand better what we have formerly read. If our comprehension has been good, we will continue with the next chapter; if it has not, we should read it again and check that now we understand the context better.

At the end of the reading we should do the comprehension activities that we can find at the end of the book.

We can play the audio while reading the book to improve our pronunciation or try to listen to the audio without reading the book and check if we understand everything. Either way, we will improve our Spanish language.

Throughout the stories we will find repeated topics, like greetings, meals, clothes, conversations in hotels and restaurants, addresses and descriptions of people that will help us interiorizing concrete and specific structures. These structures will be the base of the language knowledge in real situations.

Las galletas de la suerte

by Teresa Garviar

Capítulo uno

Toda la casa huele a galletas. Me encanta ese olor. Mamá está en la cocina. Dejo la mochila en el suelo y enciendo la televisión. Hoy es viernes y ya no hay colegio hasta el próximo lunes.

Mamá: ¡Mario! ¿No me das un beso?

Mario: ¡Hola, mami!

Mi madre huele a mantequilla y azúcar. Ella es muy dulce, como el bizcocho. Sobre la mesa hay un bote de cristal. El bote tiene una etiqueta y, en la etiqueta, se lee mi nombre. En el interior hay un montón de galletas.

Mario: ¿Esas galletas son para mí?

Mamá: Sí, cariño. Son de parte de papá. Pero solo puedes comer una cada día.

Mario: ¿Solo una? ¡Qué poco!

Mamá: Ya sabes lo que sucede si comes muchos dulces.

Mario:No, no lo sé.

Mamá: Que se te caen los dientes.

Mario:¿El abuelo come muchos dulces? ¿Por eso no tiene dientes?

Mamá: Ja, ja, ja, sí, al abuelo le encanta comer magdalenas.

El abuelo ahora vive en casa con nosotros. La abuela está en el cielo. Papá viaja mucho. Pulguita es nuestra perra. Mamá tiene a mi hermana en la barriga. Yo soy Mario y tengo siete años.

Abuelo: ¡Hola! Ya estoy en casa.

Mario: ¡Abuelo!

A mí me gustan los abrazos del abuelo. Son como los abrazos de un oso. Pulguita ladra y me chupa la mano con su áspera lengua. Los tres nos sentamos en el sofá a ver los dibujos animados. El abuelo me acaricia a mí y yo acaricio a Pulguita. Pero, ¿quién acaricia al abuelo? Mamá se acerca y le hace un cariño. Mi hermana seguro que también le hace cariños a mamá dentro de la barriga.

Mario: Mami, ¿puedo comer una galleta?

Abuelo: Vaya, yo también quiero una.

Mamá: Estas galletas son especiales para Mario.

Mario: Además solo puedo comer una al día. Así no se me caen los dientes, como a ti, abuelo.

Abuelo: ¡Qué diablillo!

Mamá: Mejor te la comes por la noche, con la leche.

Antes de acostarme, yo siempre tomo un vaso de leche caliente. Primero me doy un baño. Luego mamá, papá, el abuelo y yo cenamos. Papá hoy no está en casa. Él es adiestrador de perros. A veces viaja con Lou, un pastor alemán. Los dos buscan personas bajo las piedras de los edificios. Ahora los dos están en Grecia. Mamá dice que allí hay un terremoto. Ella está preocupada, pero yo sé que él está bien.

Mario: Mamá, ¿puedo comer ahora la galleta?

Mamá: Sí, toma la leche y te vas a la cama.

Yo cuento las galletas que hay en el bote. Ya sé contar hasta cien. Hay ocho galletas. Son enormes. La tapa del bote está muy dura. Le pido al abuelo que me ayude a abrirlo. Yo cojo una y le doy un mordisco. ¡Dentro tiene un papel! Parece un mensaje. Como ya sé leer, leo lo que pone mientras termino de comer lo que queda de galleta.

"Mario, tienes ocho días para seguir las pistas y resolver el enigma: Mente abierta, bien despierta. En la copa encontrarás la nota."

El abuelo y mamá están callados. Les miro por si ellos saben algo de esa nota. Ninguno de los dos parece darse cuenta de nada.

Mario: Mamá, ¿qué es un enigma?

Mamá: Un enigma es un misterio.

Mario: Pues dentro de la galleta hay un enigma.

Mamá: ¿En serio? ¡Menuda sorpresa!

Abuelo: Bueno, cuéntanos, ¿de qué trata ese enigma?

Mario: Yo tengo ocho días para resolver el misterio. Y también dice algo acerca de que en una copa hay una nota. ¿Puedo buscarla ahora?

Mamá: No mi vida, ya es tarde. Ahora a la cama y a dormir. Mañana es sábado y tienes todo el día para hacer de investigador.

Mario: De acuerdo. Buenas noches abuelo, buenas noches mami.

Mamá y abuelo: Buenas noches.

Resumen capítulo uno

Mario tiene siete años y vive en casa con su abuelo, su madre, su padre y Pulguita, su perra. Su padre está en Grecia, es adiestrador de perros. Su madre está embarazada. En la cocina, Mario encuentra un bote con ocho galletas. La mamá de Mario le dice que solo puede comer una galleta cada día. Dentro de la primera galleta encuentra un papel. Es un enigma que Mario tiene que resolver. Un enigma es como un misterio. El niño tiene que encontrar otro mensaje. El mensaje está en una copa.

Chapter one summary

Mario is seven years old. He lives with his grandfather, his mother, his father and Pulguita, his dog. His father is in Greece, he's a dog trainer. His mother is pregnant. In the kitchen, Mario finds a pot with eight cookies. Mario's mom tells him he can only eat one cookie a day. Inside the first cookie, he finds a paper. It's an enigma that Mario has to solve. An enigma is like a mystery. The child has to find another message. The message is in a cup.

Capítulo dos

Hoy es sábado. Mamá y el abuelo aún duermen. Yo tengo que encontrar la nota que está dentro de la copa. Esa es mi misión. Pongo una silla de la cocina bajo la estantería donde mamá guarda las copas. Me subo a la silla con cuidado. No quiero caerme al suelo. Yo busco entre las copas de vino. No veo nada. Ahí no hay ningún papel. Estiro un poco el brazo y miro entre las copas de agua. Tampoco hay nada. ¡Ay! una de las copas resbala, cae desde la estantería y se rompe en mil pedazos. El abuelo y mamá corren a la cocina. Los dos están asustados por el ruido.

Mamá: ¡Mario! ¿Qué haces?

Mario: Lo siento mucho. Yo solo quiero encontrar la nota.

Abuelo: Ten cuidado, Mario. Yo te ayudo a bajar de la silla. Hay cristales por toda la cocina.

Mamá: ¡Qué desastre! ¡Baja de ahí ahora mismo!

El abuelo me ayuda a bajar de la silla. Luego coge la escoba y barre el suelo de la cocina. Mamá está muy enfadada conmigo. Yo estoy triste, y se me caen las lágrimas. Me voy a mi habitación y me tumbo sobre la cama. Me tapo la cara con la almohada. No me gusta que mamá y el abuelo me oigan llorar. Llevo mucho rato en mi habitación. No me atrevo a salir.

Mamá: ¡Mario, ven a desayunar!

Me seco las lágrimas con la manga del pijama. Odio que mamá levante la voz y que mi hermanita lo oiga y piense que soy un desastre. Salgo de la habitación y voy a la cocina. Tengo los ojos rojos de llorar.

Abuelo: Mira, aquí tienes la leche con cacao y los cereales. También puedes tomar un zumo de naranja y una tostada con mantequilla y mermelada de fresa. Un Sherlock Holmes como tú necesita alimentarse bien.

Miro de reojo al abuelo y veo que guiña un ojo. No me atrevo a mirar a mamá. Seguro que sigue disgustada. Ella se acerca hacia mí y yo agacho aún más la cabeza. Estoy avergonzado.

Mamá: Mario, sabes que está mal subirse a una silla solo. Tú sabes que la cocina es peligrosa, el fuego, el gas, los cristales…

Ella habla con una voz muy dulce. Yo no puedo verle los ojos porque sigo con la cabeza hundida en mi pecho. Pero noto su olor a bizcocho y flores. De pronto me entran ganas de llorar otra vez. Dos gotas grandes resbalan por mis mejillas. Es entonces cuando noto el calor de su abrazo y sus besos.

Mario: Lo siento. Lo siento mucho. Tengo tantas ganas de resolver el "enegma"que…

Abuelo: Ja, ja, ja, enigma, Mario. Se dice enigma.

Mario: Sí, eso, tengo tantas ganas de resolver el enigma que no pienso en otra cosa.

Mamá: Y, ¿qué te dice siempre papá? ¿Qué es necesario hacer cuando rescata personas en los terremotos?

Mario: Él dice que hay que pensar antes de actuar.

Mamá: Exacto. Para salvar la vida de la persona que está bajo los escombros y la suya propia, hay que pensar antes de actuar. Eso hay que aplicarlo a todas las cosas en la vida.

Mario: Mami, ¿le puedes decir a mi hermana que no soy un desastre? No quiero que al salir de tu barriga tenga una idea tan fea sobre mí.

Mamá: Cariño, ella ya sabe que no eres ningún desastre. Y yo también lo sé.

Mario: Si mami, pero… ¿te importa decírselo, por si acaso?

Mamá: Claro que no me importa, cielo.

Abuelo: Tú termina el desayuno. Luego yo te ayudo con tu investigación.

Yo sé que, con la ayuda del abuelo, voy a resolver el misterio. Unto la tostada en la leche con cacao y bebo un vaso de zumo de naranja lo más rápido posible. Me visto con un pantalón corto y una camiseta de rayas. Ya estoy preparado para salir con el abuelo. Pulguita también quiere venir con nosotros. El abuelo le pone el collar al perro y yo cojo la correa. En la ciudad, los perros tienen que ir atados.

Mario: Abuelo, ¿por qué salimos a la calle? Nosotros tenemos que buscar unas copas. Y las copas están en las casas. Claro que, también pueden estar en los bares, ¿verdad, abuelo?

Abuelo: A ver. ¿Qué dice la nota? Mente abierta, bien despierta, ¿no? Pues eso es lo que hay que hacer. Abrir nuestra mente.

Mario: ¿Qué quieres decir, abuelo?

Abuelo: Que tal vez no sean ese tipo de copas las que tenemos que buscar.

Mario: Y si no son las copas que se utilizan para beber, ¿qué otras copas pueden ser?

Abuelo: Mente abierta, Mario. Mente abierta.

Resumen capítulo dos

Hoy es sábado y Mario se despierta pronto. El abuelo y su madre están aún en la cama. El niño comienza a buscar un mensaje entre las copas que están dentro del armario. Una de las copas de cristal cae al suelo y se rompe en mil pedazos. La madre de Mario se enfada con él, pero pronto le abraza y le da besos. El abuelo dice a Mario que primero desayune y luego van a buscar el mensaje para descubrir el enigma. Los dos salen a la calle con Pulguita. Mario piensa que en la calle no van a encontrar más pistas porque las copas están dentro de los armarios de las casas. El abuelo piensa que, como dice la nota, hay que tener la mente abierta y buscar en otro lugar.

Chapter two summary

Today is Saturday and Mario wakes up early. Grandpa and Mario's mother are still in bed. The child begins to look for a message through the cups of the cupboard. One of the crystal glasses falls to the ground and it breakes into a thousand pieces. Mario's mother gets angry with him, but soon she hugs and kisses him. The grandfather tells Mario that first he has to have breakfast and then they will go to find the message to discover the enigma. Both go out with Pulguita. Mario thinks that in the street they will not find more clues because the cups are inside cupboards at homes. The grandpa thinks that, as the note says, we must have an open mind and look elsewhere.

Capítulo tres

El abuelo, Pulguita y yo salimos al jardín. Allí nuestro perro corre y olisquea todas las flores. El animal levanta la pata trasera y hace pis. Lo hace en el pequeño árbol que está justo en el centro del jardín. Entonces me viene una idea a la cabeza. Las palabra copa puede tener más de un significado. Están las copas de cristal, donde se bebe, que son como un vaso pero con un pie. Y, también están ¡las copas de los árboles! Estas son las ramas y hojas que están en la parte de arriba de un árbol.

Mario: ¡Abuelo! Creo que ya sé dónde está la nota.

Abuelo: ¿En serio? ¿Dónde?

Mario: ¿Me ayudas a subir al árbol?

Abuelo: Claro, pero ten cuidado.

Pulguita se queda sentada sobre sus patas traseras. Nos mira con el hocico levantado. Tiene las orejas en actitud de alerta. Los perros siempre cuidan de sus amos. Por eso Pulguita me mira sin quitarme el ojo de encima, por si me caigo. El abuelo me aúpa. Yo me agarro a la rama del árbol y me pongo de pie. Abrazo el tronco del árbol con las dos manos. Subo un poco más arriba. Ahí hay un sobre atado a una rama. Desato el nudo y meto el sobre dentro del bolsillo de mi pantalón.

Mario:¡Aquí hay un sobre!

Abuelo: Agárrate fuerte, no te resbales.

Mario:Ayúdame a bajar, abuelo.

El perro ladra. Seguro que está asustado con mis gritos. Pero yo no puedo dejar de gritar. Estoy muy contento. Ahora ya tengo la primera pista para resolver el, ¿cómo es?, el enigma, eso es.

Abuelo: ¿No vas a abrir el sobre?

Mario: Sí, ahora mismo. Mira, dentro hay un papel.

Abuelo: ¿Qué pone en ese papel?

Mario: Solo pone *"SIETE"*.

Abuelo: ¿Siete?

Yo le doy la vuelta al papel, pero está en blanco. Miro dentro del sobre por si hay alguna pista más. Nada, solo un número. El número siete.

Abuelo: ¿Quieres ir a dar un paseo? Así Pulguita y yo hacemos ejercicio.

Mario: Vale. Pero nosotros tenemos que pensar en el significado del siete.

Pulguita da saltos de alegría. A ella le gusta pasear y encontrarse con otros perros. Mientras caminamos, el abuelo y yo pensamos en el montón de cosas que puede representar el número siete.

Abuelo: Veamos, tal vez el siete significa que tú tienes derecho a pedir siete deseos.

Mario: ¿Tú crees?

Abuelo: No sé. O tal vez es que mamá tiene en su barriga siete hermanitas.

Mario: ¡Eso no puede ser!

Abuelo: Tienes razón, eso no puede ser.

Mario: Siete son los años que yo tengo.

Abuelo: Y siete las galletas que te quedan por comer.

Mario: ¡Puede ser eso!

Abuelo: O los siete enanitos del cuento de Blancanieves.

Mario: ¡Me los sé! Gruñón, Sabio, Estornudo, Tímido, Dormilón, Bonachón y Mudito.

Abuelo: O los siete pecados capitales.

Mario: Esos no me los sé.

Abuelo: Pues son lujuria, pereza, envidia, gula, ira, avaricia y soberbia.

Mario: O el cuento de los siete cabritillos.

Abuelo: O los siete minutos que quedan para ser las dos de la tarde. Tenemos que volver. Tu madre nos espera para comer.

En el camino de regreso a casa no dejo de pensar en el significado del siete. Cuando el abuelo y yo entramos al salón, los dos contamos a mamá nuestras aventuras. Ella tampoco sabe qué puede significar ese número.

Por la tarde voy con mamá al centro comercial. Ella me compra un helado mientras elige ropa para mi hermanita. Aún no sabemos su nombre. Mis nombres preferidos son Beatriz y Nuria. A mamá le gusta Laura y a papá le gusta Sara, dice que ese nombre quiere decir princesa. Y el abuelo insiste en que la pequeña tiene que llamarse Cristina, como la abuela.

Mamá está cansada. Es de noche y volvemos a casa para cenar.

Resumen capítulo tres

Mario descubre que la palabra del mensaje tiene diferentes significados. Uno de ellos es el de copa para beber, pero hay otro que es el de la copa de los árboles. En el jardín de la casa de Mario hay un pequeño árbol. El niño trepa al árbol con la ayuda del abuelo. Allí hay un sobre con otra nota. En el papel se lee la palabra "siete". El abuelo y Mario comienzan a pensar en cosas que tengan relación con el número siete como los siete enanitos, los siete pecados capitales, el cuento de los siete cabritillos, la edad de Mario o las galletas que quedan en el bote. Por el momento, nada de lo que piensan les ayuda a descubrir el enigma.

Chapter three summary

Mario discovers that the word of the message has differents meanings. One of them refers to a glass to drink, but there is another one that refers to the tree tops. In Mario's house's garden there is a small tree. The child climbs the tree with his grandfather's help. There is an envelope with another note. On the paper, he reads the word "seven". Grandpa and Mario begin to think about things that are related to the number seven as the seven dwarfs, the seven deadly sins, the story of the kids feel, Mario's age or the cookies that remain in the pot. For now, nothing they think helps them discover the enigma.

Capítulo cuatro

Mientras mamá y el abuelo preparan la cena, yo me doy un baño y me pongo el pijama. Luego enciendo la televisión para ver mi DVD de Blancanieves. Ya soy mayor y hace mucho tiempo que no veo películas de pequeños.

Mamá: Mario, ¿qué ves en la tele?

Mario: Blancanieves. Esta película puede ayudarme a resolver el enigma.

Mamá: ¿Por qué piensas eso?

Mario: Por los siete enanitos.

No sé si mamá se ríe de mí, pero me da igual. Yo sé que en algún sitio están las respuestas y voy a encontrarlas.

Es la hora de la cena. Eso significa que voy a poder comer otra galleta. A lo mejor hay dentro alguna nota. Pronto lo voy a descubrir. El paseo y los nervios me hacen tener mucho apetito. Por eso como todo muy rápido y enseguida llega el momento de tomar el vaso de leche con cacao. El abuelo me ayuda a abrir la tapa del bote y cojo una galleta. Le doy un mordisco y… ¡hay un papel!

Mario: ¡Mamá! ¡Abuelo! Hay otra nota en esta galleta.

Mamá: Cada vez esto es más misterioso.

Abuelo: ¿Y qué pone en la nota?

Desdoblo con cuidado el papelito y leo en voz alta la única palabra que se ve.

Mario: "*VALIENTE*".

Abuelo: ¿Eso pone?

Mario: Sí.

Mamá: Entonces tenemos dos palabras, ¿no? Una es "*SIETE*" y la otra es "*VALIENTE*".

Mario: Ninguno de los siete enanitos se llama valiente.

Abuelo: Yo creo que se refiere a ti, Mario. Tú tienes siete años y eres un niño muy valiente.

Mario: Ya, pero no entiendo qué quiere decir eso.

Por la noche sueño que tengo siete dedos en cada una de mis manos. Además tengo que salvar a los siete enanitos de un dragón que tiene siete cabezas. Con mis enormes manos lucho contra el horrible animal. De las siete bocas del dragón salen llamas de fuego que queman los árboles del bosque. Después de matar al dragón, todos dicen que soy muy valiente. Los conejos, los pájaros y las ardillas preparan una fiesta para celebrar la derrota del dragón. Yo estoy profundamente dormido cuando el abuelo viene a despertarme a mi habitación.

Abuelo: ¡Vamos, dormilón! El desayuno está en la mesa.

Mario: Tengo mucho sueño.

Abuelo: Ya son las nueve y media. Hoy es domingo y tienes que hacer los deberes del colegio.

Mario: No tengo muchos deberes.

Abuelo: Mejor, así nos podemos poner a investigar esta tarde.

Mario:¡Genial!

Por la mañana el abuelo me ayuda a hacer algunas sumas y restas. Las matemáticas me gustan mucho, es una de mis clases favoritas. Hacer cálculos es muy parecido a resolver misterios. También debo ordenar de mayor a menor unos números. Por último, tengo que marcar en unas fichas con dibujos cuál de ellos es el objeto extraño. Por ejemplo, si en la ficha hay diez peces y una oveja, el objeto extraño es la oveja. Me encanta hacer fichas con el abuelo, los dos nos divertimos mucho.

Antes de comer, el abuelo y yo sacamos a pasear a Pulguita. Mamá se queda en casa, parece cansada. A veces, mi hermanita, no le deja dormir bien por las noches. El abuelo dice que la niña va a ser futbolista porque pega patadas. Papá siempre dice que va a ser un hada y que lo que hace es mover la varita mágica. Yo creo que va a ser bailarina porque al escuchar música es cuando más se mueve. Mamá dice que se nota que no somos nosotros los que la llevamos dentro. Yo le digo que me deje llevarla un rato en mi barriga, a mí no me importa, pero ella se ríe.

Después de comer el abuelo y mamá echan la siesta. Yo miro el bote con las galletas, ya solo quedan seis. Pongo los dos papeles sobre la mesa de la cocina. "SIETE" y "VALIENTE", con eso no consigo saber nada nuevo.

Por la tarde los tres jugamos a las cartas. El abuelo gana la primera partida, mamá la segunda y la tercera. Yo me enfado un poco y gano todas las demás.

Mamá: Mario, ¿me ayudas a hacer la cena?

Mario: ¡Sí! ¿Preparamos una ensalada?

Mamá: Perfecto. El abuelo se encarga de poner la mesa.

Después de cenar el abuelo abre el bote y yo cojo mi galleta. Dentro encuentro otro papel donde pone *"Y VEINTE"*. Me acuesto. Mañana es lunes y hay colegio.

Resumen capítulo cuatro

Mario come otra galleta y encuentra un papel. En ese papel aparece una palabra: "VALIENTE". Ahora ya tiene dos palabras, una es "SIETE" y la otra "VALIENTE". Por la noche, Mario sueña con monstruos de siete cabezas que echan fuego por sus siete bocas. El niño lucha contra el dragón y todos los animales del bosque le hacen una fiesta por ser un niño muy valiente. Ya solo quedan seis galletas. Por la noche el abuelo abre el bote y Mario come otra galleta. Dentro de la galleta hay un papel. En el papel se puede leer "Y VEINTE".

Chapter four summary

Mario eats another cookie and he finds a paper. On that paper appears one word: "BRAVE". Now he has two words, one of them is "SEVEN" and the other one is "BRAVE". At night, Mario dreams of monsters with seven heads that fire through their seven mouths. The boy fights against the dragon and all the animals of the forest give him a party for being a brave boy. There are only six cookies left. At night, the grandfather opens the pot and Mario eats another cookie. There is a paper inside the cookie. On the paper he can read "TWENTY".

Capítulo cinco

Por la mañana el abuelo y Pulguita me acompañan al colegio. El abuelo y yo pensamos en los tres papeles que tenemos hasta el momento.

Abuelo: ¿Qué crees que quiere decir ese *Y VEINTE*?

Mario: Si lo sumo a los *SIETE*, eso da como resultado veintisiete. Pero ese número tampoco me dice nada. Y a ti, ¿te dice algo?

Abuelo: No. Tampoco se me ocurre nada que pueda estar relacionado con el número veintisiete.

Mario: Cada vez estoy más confundido.

Abuelo: Hay que tener paciencia. En el bote aún quedan cinco galletas. Pronto vamos a tener todas las pistas en nuestras manos.

Mario: Abuelo, ¿me puedes prestar algunas monedas?

Abuelo: ¿Para qué quieres el dinero?

Mario: Para comprar paciencia.

Abuelo: Ja, ja, ja. Mario, la paciencia no se puede comprar, es algo que uno tiene que aprender.

Mario: ¿Y tú me puedes enseñar?

Abuelo: Claro, la edad te enseña a esperar. A mis años, el cuerpo va más despacio y, sin embargo, el tiempo avanza más rápido.

Mario: ¿Y a mi edad?

Abuelo: Con siete años, el cuerpo va a mucha velocidad, aunque el tiempo es más lento.

Mario: No te entiendo, abuelo.

Abuelo: No me hagas caso. Son cosas de viejo.

Llegamos al colegio y el abuelo me da la bolsa con el almuerzo. Este año como en el colegio, así que hasta las cinco y media no vuelvo a casa. El abuelo viene todos los días a las cinco a recogerme con Pulguita. Después, los tres volvemos caminando.

Hoy estoy distraído en clase, mi cabeza piensa en números y príncipes valientes. Mi imaginación me lleva a luchar otra vez contra animales fantásticos de siete cabezas. Mi profesora, la señorita Rosa, me llama la atención.

Señorita Rosa: Mario, ¿dónde estás? En clase desde luego que no.

Mario: ¡Claro que estoy en clase! Estoy aquí sentado, en la tercera fila, en mi pupitre de siempre. ¿No me ve?

Todos mis compañeros de clase se ríen, pero la profesora pone cara de enfado. No parece ser una dama que está en apuros, más bien soy yo quien está en apuros.

Señorita Rosa: ¡Silencio! Al próximo que se ría lo mando al despacho del Director.

Mario: Lo siento.

Señorita Rosa: Ya que te veo tan gracioso esta mañana, vas a leer para toda la clase el poema del siete y a explicarlo a tus compañeros.

Mario:¿Del siete?

Señorita Rosa: Sí. ¿No me oyes? Lee en voz alta.

Mario:El poema del siete.

    El uno y el dos, ya suman tres

    al cuatro y al cinco, les gusta ir con el seis

    pero cuando llega el siete

    todos callan a la vez

    porque el ocho y el nueve

    se juntan con el diez

    aunque el siete no está solo

porque es amigo del cien.

Y mientras los primeros son unidades

y el diez presume de decenas

el siete juega con las centenas

haciéndose inseparables.

Cuando terminan las clases, el abuelo, Pulguita y yo volvemos a casa. Yo le cuento al abuelo la casualidad del poema del siete. Me duele un poco la barriga. Cuando se lo digo a Mamá, ella me pone el termómetro. Tengo algo de fiebre. Ceno un plato de sopa y me tomo la leche con cacao para poder comer una galleta. En la nota de hoy hay un dibujo. Son unas alas divididas por una raya que las separa en dos partes.

Esta noche no puedo pensar mucho en ello. Me duele la cabeza. Mamá me da un jarabe para bajar la fiebre y se queda conmigo, sentada en el borde de la cama, hasta que me duermo.

Resumen capítulo cinco

Mario y el abuelo piensan sobre las pistas que tienen. Suman "SIETE" más "Y VEINTE" y el resultado es veintisiete. Ese número tampoco les revela nada nuevo. Mario se queda a comer en el colegio. Mario está distraído en clase. El chico piensa en animales fantásticos y príncipes valientes. En clase, los alumnos leen un poema dedicado al número siete. El abuelo recoge a Mario a las cinco de la tarde. Cuando llegan a casa, Mario está enfermo, tiene fiebre. Mario cena y come una galleta antes de ir a dormir. Dentro de la galleta hay otro papel. En el papel hay un dibujo, unas alas divididas por una raya.

Chapter five summary

Mario and grandpa think about the clues they already have. They add "SEVEN" plus "TWENTY" and the result is twenty-seven. That number does not reveal anything new neither. Mario stays at school at lunch time. Mario is distracted in class. The boy thinks of fantastic animals and braves princes. In the classroom, the students read a poem dedicated to number seven. Grandpa picks up Mario at five o`clock in the afternoon. When they arrive home, Mario is ill, he has a temperature. Mario has dinner and eats a cookie before going to bed. Inside the cookie there is another paper. On the paper there is a drawing, wings divided by a line.

Capítulo seis

Hoy es martes pero no voy al colegio. Estoy enfermo. Mamá tiene que ir a trabajar. El abuelo me cuida. Él pone unos trapos empapados en agua fría sobre mi frente. Yo tengo escalofríos y solo quiero dormir. Cuando la medicación hace su efecto, estoy mejor. Entonces me acuerdo de la última pista.

Abuelo: ¿Qué tal estás, Mario?

Mario: Un poco mejor.

Abuelo: Te voy a poner el termómetro.

Mario: Abuelo, ¿qué crees que quieren decir las alas?

Abuelo: ¿Las del papel de la galleta de ayer?

Mario: Sí, esas.

Abuelo: No sé, parece un pictograma.

Mario: ¿Un picto qué?

Abuelo: Un dibujo, o un símbolo que representa un mensaje, o un objeto real.

Mario: ¿Cómo un jeroglífico? Mamá hace los que vienen en el periódico.

Abuelo: Algo así.

Mario: Entonces tenemos que averiguar qué quieren decir unas alas divididas.

Abuelo: Primero déjame ver el termómetro. Muy bien, solo tienes un par de décimas de fiebre.

Mario: Ya estoy mucho mejor.

Abuelo: Voy a llamar por teléfono a tu madre. Así la tranquilizo.

Mientras el abuelo habla con mamá, yo cojo los cuatro papeles y los coloco sobre la colcha de mi cama. Les doy vueltas y los coloco de un modo y de otro. Unas alas divididas, *Y VEINTE, VALIENTE, SIETE.*

Los revuelvo otra vez y leo los papeles: alas, *SIETE, VALIENTE, Y VEINTE.* Recuerdo el consejo de la primera pista "mente abierta, bien despierta". Cambio de nuevo los papeles de sitio: alas, *SIETE, Y VEINTE, VALIENTE.* ¡Eso es! Creo que ya tengo la solución.

Mario: ¡Abuelo, abuelo!

Abuelo: ¿Qué te pasa? ¿Estás peor?

El abuelo viene a mi habitación con el teléfono en la mano. Mamá está al otro lado y desde mi cama le oigo preguntar al abuelo ¿qué está pasando?

Mario: Tranquilo abuelo, es que creo que tengo resuelto el enigma.

Abuelo: Dios mío, ¡qué susto!

Oigo al abuelo que tranquiliza a mamá. Todo está en orden, le dice. Al minuto viene a mi cama y me toca la frente con sus manos. Comprueba que no tengo fiebre y entonces me mira muy fijo a los ojos.

Abuelo: Dime, ¿qué sabes?

Mario: Mira, abuelo.

Yo le enseño los papeles al abuelo. Él lee en voz alta.

Abuelo: VALIENTE, alas, SIETE, Y VEINTE.

Mario: ¿Lo ves?

Abuelo: ¿Qué tengo que ver?

Mario: ¡Es una hora! Las alas divididas es "a las" El mensaje es "valiente, a las siete y veinte"

Abuelo: ¡Tienes razón! Parece una cita o algo así. Pero falta el día y el lugar.

Mario: Eso debe de estar en las otras galletas.

El abuelo sale a pasear con Pulguita. Yo me quedo en la cama. No tengo muchas ganas de comer. El abuelo me obliga a tomar un poco de arroz y un yogur. Él dice que si no tengo el estómago lleno no puedo tomar la medicación. No sé qué tiene que ver una cosa con la otra, pero le hago caso. Después me paso toda la tarde dormido.

Entre sueños veo al dragón de siete cabezas. Está en lo alto de un castillo. De cada una de sus bocas sale una lengua roja y larga. Sus catorce ojos me miran, no me da miedo, soy un niño valiente. En la torre hay una niña encerrada. Miro mejor y la veo, no es una niña, ¡es mamá! Tengo que rescatarla, pero no sé cómo llegar hasta allá arriba. Entonces recuerdo que tengo unas alas. Son de la última función de Navidad. Me las coloco a la espalda y echo a volar. En el cinturón llevo mi espada láser. Con ella corto todas las cabezas del dragón. Yo corro hacia la torre, debo de liberar a mi madre. La única forma de huir es volando. Rompo las alas por la mitad y le coloco una a mamá, y yo me quedo con la otra. Los dos nos abrazamos, cerramos los ojos y echamos a volar. Es una sensación maravillosa.

Mamá: Mario, despierta, es la hora de la medicina.

Mario: Mami, ¿estás bien?

Mamá: Claro, perfectamente. ¿Y tú, cielo?

Mario: Ahora muy bien.

Mamá: Anda, bebe la leche y el jarabe. Y, si quieres, puedes comer la galleta de hoy.

Mario:Sí, claro que quiero.

En la galleta hay otro mensaje, el papel dice *"ESTE VIERNES"*. Seguro que es una cita. Pero, ¿dónde tengo que ir este viernes a las siete y veinte?

Mamá me pone el termómetro. Aún tengo unas décimas. Mamá dice que mañana me quedo en casa y no voy al colegio.

Resumen capítulo seis

Es martes y Mario no va al colegio porque está enfermo. El chico piensa en el dibujo de las alas. El abuelo le dice que son un pictograma. Mario no sabe lo que significa esa palabra. El abuelo le explica que es como un dibujo, o un símbolo que representa un mensaje, o un objeto real. Un jeroglífico. Mario comienza a dar vueltas a los cuatro trozos de papel que tiene: unas alas, "Y VEINTE", "SIETE" y "VALIENTE". El chico cree tener la clave del enigma. Es una hora. Una cita. Mario se duerme y vuelve a soñar con el dragón de siete cabezas. Él corta todas las cabezas a la bestia con su espada láser. Por la noche, Mario descubre otro mensaje: "ESTE VIERNES". Ahora necesita saber el lugar de la cita.

Chapter six summary

It's Tuesday and Mario does not go to school because he's sick. The boy thinks about the drawing with the wings. Grandpa tells him they are a pictogram. Mario does not know what that word means. Grandpa explains him that it's like a drawing, or a symbol that represents a message, or a real object. A hieroglyphic. Mario begins to think about the four pieces of paper he has: the wings, "TWENTY", "SEVEN" and "BRAVE". The boy thinks he has the key to solve the enigma. It's an hour. An appointment. Mario falls asleep and dreams with the dragon of seven heads again. He cuts off all heads to the beast with his laser sword. At night, Mario discovers another message: "THIS FRIDAY". Now he just needs to know the place of the appointment.

Capítulo siete

Ya es miércoles y esta mañana estoy mejor. Mamá se va a trabajar y me besa. El abuelo me trae el desayuno a la cama. Pulguita se tumba en la alfombra de mi habitación y se queda adormilada, igual que yo.

El abuelo saca a pasear a Pulguita y va al colegio para hablar con la Señorita Rosa. Cuando el abuelo llega a casa, yo estoy levantado. En un cuaderno, el abuelo trae apuntados algunos deberes para hacer en casa

Hoy tengo hambre. El abuelo dice que eso es muy buena señal. Los dos comemos en la mesa del salón. A mamá esto no le gusta porque tiramos migas de pan al suelo. Ella dice que ensuciamos el sofá y la alfombra. El abuelo y yo tenemos mucho cuidado en no manchar nada. Después de comer echamos una siesta. Luego hacemos los deberes y jugamos una partida a las cartas.

Mamá llega del trabajo cansada. Dice que mi hermanita no para de crecer. La verdad es que mi madre cada vez tiene la tripa más grande. Ella le cuenta al abuelo que se siente rara y que cree que pronto va a venir mi hermana a casa. Yo le digo a mamá que abra la boca y grito dentro de ella para que la pequeña me oiga.

Mario: ¡Tienes que esperar a que venga papá para salir!

Abuelo: ¿A quién gritas?

Mario: A mi hermana.

Abuelo: ¿Y le tienes ahí a tu madre con la boca abierta?

Mario: Es para que la pequeña me oiga.

Abuelo: Ja, ja, ja. Que paciencia tienes, querida.

Mamá: En efecto, la tengo.

Por la noche cojo el bote de las galletas, solo quedan tres. Escojo una al azar. La mojo en la leche y le doy un mordisco. Allí aparece otro papel. El abuelo, mamá y yo miramos atentos lo que viene escrito esta vez *"VEN"*.

Abuelo: Parece que tienes que ir a algún sitio.

Mario: ¿A dónde?

Abuelo: Eso no lo sabemos todavía, ni tampoco para qué.

Mamá: Pues yo no quiero asustar, pero creo que yo sí que tengo que ir a un sitio y también sé para qué. Debo ir al hospital. Vosotros dos mejor os quedáis aquí. Voy a llamar a la tía Raquel para que me acompañe ella.

Abuelo: ¿Tienes contracciones?

Mamá: Sí.

Abuelo: Te ayudo a preparar las cosas para el hospital.

Mamá: Está todo preparado.

Mario: ¿Qué pasa, mamá?

Mamá: Tranquilo, cariño. Sara viene ya.

La tía Raquel viene a buscar a mamá en el coche. Me besa y pasa su mano por mi pelo. Recoge la bolsa de color rosa donde están las cosas de Sara. Al final papá, que está tan lejos, gana en las apuestas sobre el nombre de mi hermana.

Mamá y la tía Raquel salen de casa respirando de una forma rara. El abuelo y yo también vamos hasta el coche respirando profundamente. El abuelo dice que parecemos un cuarteto de música de viento. Yo no entiendo nada, pero les imito. Solo quiero que Mamá y Sara estén bien.

Mario: ¿Cuándo vuelve Mamá a casa?

Abuelo: No lo sé. Debemos esperar a que Sara quiera salir.

Mario: Entonces seguro que es pronto.

Abuelo: Sí, muy pronto.

En la calle ya no hay nadie. Es de noche y todos los vecinos del barrio están en sus casas. El abuelo no deja de mirar el teléfono. La tía Raquel le envía mensajes. Ella dice que todo va bien.

Yo tengo sueño y me quedo dormido mientras pienso en mi nueva hermana. Tengo tantas ganas de verle la cara que no puedo esperar al día siguiente, por eso sueño toda la noche con ella.

Resumen capítulo siete

Hoy es miércoles. Mario se siente mejor, pero todavía no va a clase. El abuelo va al colegio. La señorita Rosa le da los deberes de Mario. El abuelo y Mario comen en la mesa del salón. Después echan la siesta. Luego hacen los deberes y, finalmente, juegan a las cartas.

En el bote de galletas ya solo quedan tres. Mario coge una y lee el mensaje que está dentro de la galleta: "VEN". La madre de Mario tiene contracciones. Ella tiene que ir al hospital. El abuelo y Mario se quedan solos en casa. El abuelo está muy nervioso y no para de mirar el teléfono. La tía de Mario dice que todo va bien, la pequeña Sara está llegando.

Chapter seven summary

Today is Wednesday. Mario feels better, but he still does not go to class. Grandpa goes to school. Miss Rosa gives him Mario's homework. Grandpa and Mario eat at the lounge table. After that, they take a nap. Then they do the homework and, finally, they play cards.

There are only three cookies left in the jar. Mario takes one and reads the message that is inside the cookie: "COME".

Mario's mother has contractions. She has to go to the hospital. Grandpa and Mario stay alone at home. Grandpa is very nervous and keeps looking at the phone. Mario's aunt says that everything is fine, little Sara is coming.

Capítulo ocho

Cuando me levanto el abuelo está en la cocina. Él tiene una sonrisa muy grande en la cara. También tiene unas manchas negras debajo de los ojos. Me dice que son ojeras y que aparecen por no dormir. Entonces él se acerca hacia mí y me enseña una foto del teléfono móvil.

Mario: ¿Es Sara?

Abuelo: Sí. Esta es tu hermana.

Mario: ¡Qué pequeña es!

Abuelo: Claro, igual que tú al nacer.

Mario: Es muy guapa.

Abuelo: Sí, es preciosa.

Mario: ¿Cuándo viene a casa?

Abuelo: Aún no lo sabemos.

Mario: ¿Y mamá?

Abuelo: Mamá está perfectamente.

Mario: ¿Voy a poder coger a Sara en brazos?

Abuelo: Por supuesto. Va a ser muy divertido tener una hermana.

Mario: ¿Dónde va a dormir?

Abuelo: Al principio en la habitación de tus padres, en su cuna.

Mario: Mamá siempre dice que tengo que dormir en mi habitación.

Abuelo: ¿Estás celoso?

Mario: ¡Pero qué dices, abuelo! Yo no estoy eso.

Abuelo: Celoso.

Mario: Eso, celoso.

Abuelo: ¿Sabes lo que significa?

Mario: No.

Abuelo: Pues es tener algo de envidia de otra persona por temor a perder el cariño de una madre, por ejemplo.

Mario: Ah, entonces un poco celoso sí estoy.

Abuelo: Mario, no olvides nunca que tanto tu padre, como tu madre, la abuela desde el cielo y yo también, te queremos con todo nuestro corazón. Y Sara también.

Mario: Yo también os quiero mucho.

Abuelo: Bueno, pues ahora aparta las preocupaciones. Tienes que ir a clase.

Mario:¿Puedo decir a mis compañeros que tengo una hermanita nueva?

Abuelo: Claro que sí.

En el colegio cuento a todos mis amigos que ya soy el hermano mayor. La señorita Rosa me da dos besos y me felicita. El abuelo debe de estar en el hospital. A mí no me dejan ir allí, dicen que hay muchos virus y que es mejor esperar a que mamá y Sara estén en casa.

A las cinco de la tarde el abuelo viene a recogerme al colegio y vamos a casa. Me cuenta cosas del hospital. Él está muy contento y dice tener muchas ganas de que las chicas regresen a casa.

Antes de hacer los deberes el abuelo llama a mamá por teléfono y yo hablo con ella. Oigo llorar a Sara y mamá me dice que tiene que colgar. Yo intento no estar celoso.

A las siete y media más o menos, el abuelo llena la bañera de agua caliente y yo me doy un baño. Me dice que ya soy mayor y que tengo que hacerlo solo.

El abuelo y yo preparamos la cena. Un sándwich vegetal con lechuga, tomate, queso, cebolla, atún, espárrago y mahonesa. Es nuestra especialidad. Los dos nos chupamos los dedos al terminar de comerlo. Después caliento la leche con cacao y el abuelo abre el bote de galletas. Ya solo quedan dos. Unto la galleta en la leche y le doy un buen mordisco. Ahí está, otro papel con dos palabras escritas en él "*SI ERES*".

El abuelo me dice que ya es hora de ir a la cama. Mañana es viernes y es el día en que el enigma debe quedar resuelto.

"SI ERES VALIENTE, VEN ESTE VIERNES A LAS SIETE Y VEINTE"

La última galleta que queda en el fondo del bote parece tener la respuesta. Debo esperar al día siguiente para conocer la última pista y así resolver el misterio.

Esa noche sueño con un bote de galletas que está lleno de bebés. Uno de ellos es Sara, consigo abrir el bote y rescatar a Sara.

Resumen capítulo ocho

Cuando Mario se levanta, el abuelo ya está en la cocina. El hombre tiene ojeras por no dormir. El abuelo enseña a Mario una foto de Sara. Mario dice que su hermana es muy pequeña y muy guapa. El chico reconoce que está algo celoso de Sara. En el colegio, Mario cuenta a sus compañeros que tiene una hermana nueva. Todos le felicitan.

Por la tarde, el abuelo prepara el baño y hace la cena, con la ayuda de Mario. Ya solo quedan dos galletas. En el papel de hoy hay estas palabras: "SI ERES". Hoy es jueves y mañana, viernes, es el día en que el enigma debe ser resuelto.

Chapter eight summary

When Mario gets up, grandpa is already in the kitchen. The man has bags under his eyes because he did not sleep. Grandpa shows Mario a picture of Sara. Mario says his sister is very small and very pretty. The boy recognizes that he is a bit jealous of Sara. At school, Mario tells his classmates that he has a new sister. Everyone congratulates him.

In the afternoon, grandpa prepares the bathtub and cooks dinner, with the help of Mario. There are only two cookies left. In today's paper there are these words: "IF YOU ARE". Today is Thursday and tomorrow, Friday, it is the day when the enigma must be resolved.

Capítulo nueve

Hoy es viernes y es un día muy especial. Por la tarde tengo que ir a algún sitio para resolver el misterio. Pero eso será a las siete y veinte de la tarde, aún falta mucho tiempo.

El abuelo está, como siempre, en la cocina. El desayuno está preparado, parece especial, hay chocolate y las magdalenas que tanto le gustan al abuelo.

Mario: Buenos días, abuelo.

Abuelo: Buenos días. Date prisa. Hoy vamos tarde.

Mario: ¿No me dices nada?

Abuelo: ¿Qué quieres que te diga?

Mario: No sé, algo.

Abuelo: Mamá y Sara están bien. Antes de que te des cuenta seguro que puedes ver a la pequeña aquí.

Mario: ¡Ojalá! Tengo muchas ganas de ver a todos.

Abuelo: Vamos, date prisa.

Yo voy a mi habitación y me visto con lo primero que veo en el armario. Estoy triste. El abuelo dice que ellos me quieren igual, pero yo no lo creo. Hoy es mi cumpleaños y nadie se acuerda.

Abuelo: ¡Mario! ¡Ven aquí un momento!

Mario: ¿Qué quieres, abuelo?

Abuelo: Mira, lleva la última galleta que queda en el bote para el recreo. Si la cita es hoy a las siete y veinte, te la tienes que comer antes de esa hora para saber la última pista y resolver el misterio.

Mario:Tienes razón. Entonces, me como la galleta en el almuerzo.

Abuelo: Y ahora coge tus cosas y vamos rápido al colegio. Más tarde quiero ir al hospital.

Guardo la galleta en mi mochila, junto con los libros, el brick de zumo de naranja y el bocadillo de jamón.

A la hora del recreo saco el almuerzo de mi mochila. Dentro de la bolsa de plástico donde guardo el bocadillo y el zumo veo la galleta. La saco con cuidado. Es la última galleta. Le doy un mordisco y veo que dentro asoma un trozo de papel. Cojo el papel con dos dedos y estiro un poco de él. La galleta se rompe. Hay un montón de migas que han quedado sobre mi mano. Desdoblo el trozo de papel. Ahí leo el lugar de la cita. En el papel pone: *"AL COBERTIZO"*. Hago un puzle mental y junto todas las piezas.

"SI ERES VALIENTE, VEN AL COBERTIZO ESTE VIERNES A LAS SIETE Y VEINTE"

Ya tengo todas las claves necesarias. Tengo el lugar: "el cobertizo", tengo el día: "este viernes" y tengo la hora: "las siete y veinte". Ya solo debo saber si soy valiente. ¡Claro que soy valiente! No tengo miedo. Si debo pelear con un dragón con siete cabezas, lo hago. Papá también es valiente.

A las cinco de la tarde, el abuelo viene a recogerme al colegio. Por el camino hacia casa, él me cuenta a mí lo bien que están mamá y la pequeña. Cuando termina de hablar, yo le cuento a él que ya sé cuál es el misterio. El abuelo me dice que no puedo ir solo al cobertizo, puede ser peligroso. Él dice que viene conmigo. Dice que es para protegerme, pero yo también le voy a proteger a él, no quiero que le pase nada malo.

El abuelo y yo no paramos de hablar. Los dos estamos nerviosos. En el camino a casa hacemos algunos recados. Compramos comida y el abuelo va a la farmacia a por sus medicinas. Al fin llegamos a casa, antes de entrar echo un vistazo al cobertizo, no hay nada raro. Pregunto al abuelo por la hora, son las seis de la tarde. Solo queda una hora y veinte minutos.

Resumen capítulo nueve

Hoy es viernes y es un día muy especial. Mario desayuna y, como el abuelo no le dice nada, va a su habitación a vestirse. El chico está triste. El abuelo dice que le quieren igual que antes de nacer Sara. Mario no se siente querido. Hoy es su cumpleaños y nadie le felicita.

Solo queda una galleta en el bote. Mario lleva la galleta al colegio para comerla en el almuerzo. Dentro de esa galleta hay un papel con el lugar de la cita. Mario lee: "AL COBERTIZO". Ahora ya tiene toda la frase completa: "SI ERES VALIENTE, VEN AL COBERTIZO ESTE VIERNES A LAS SIETE Y VEINTE". Cuando el abuelo va a buscar a Mario al colegio, este le cuenta que la cita es en el cobertizo. El abuelo dice a Mario que es peligroso ir solo.

Chapter nine summary

Today is Friday and it is a very special day. Mario has breakfast and, as grandpa does not tell him anything, he goes to his room to get dressed. The boy is sad. Grandpa says they want him the same as before Sara was born. Mario does not feel loved. Today is his birthday and nobody congratulates him.

There is only one cookie left in the pot. Mario takes the cookie to school to eat it at snack time. Inside that cookie there is a paper with the place of the appointment. Mario reads: "TO THE SHED." Now he has the whole complete sentence: "IF YOU ARE BRAVE, COME TO THE SHED THIS FRIDAY AT SEVEN TWENTY". When grandpa goes to look for Mario at school, he tells him that the appointment is in the shed. Grandpa tells Mario that it is dangerous to go there alone.

Capítulo diez

El abuelo no para de dar vueltas por toda la casa. Incluso se olvida de darme la merienda. A mí no me importa porque estoy tan nervioso que no puedo comer nada, como suele decir mamá, tengo un nudo en el estómago.

Enciendo la televisión. Leo un cuento que ya me sé de memoria. Juego con la videoconsola.

Mario: Abuelo, ¿qué hora es?

Abuelo: Son cinco minutos más que la última vez.

Mario: El tiempo va muy despacio.

Abuelo: Sé paciente.

Mario: Sí, lo soy. ¿Qué hora es ahora?

Abuelo: ¡Dios mío! Ja, ja, ja. Son las siete menos diez. En veinte minutos salimos de casa y vamos hacia el cobertizo.

Mario: ¡Qué nervios! ¿Crees que es mejor ir con mi espada láser?

Abuelo: Sí, es mejor ir armado. No sabemos lo que nos espera dentro del cobertizo.

Mario: Abuelo, ¿tienes miedo?

Abuelo: ¿Cómo voy a tener miedo? Voy contigo, me siento muy seguro.

Mario: Yo también me siento muy seguro por ir contigo.

El abuelo me pasa su mano por el pelo. Tiene los ojos brillantes, creo que sí que tiene algo de miedo. Es normal, yo también tengo un poco.

Abuelo: ¿Estás preparado?

Mario: ¿Ya es la hora?

Abuelo: Sí, ya es la hora.

Mario: Espera un momento, abuelo. Voy a ponerme el casco de la bicicleta.

Abuelo: Muy bien, es mejor ir protegidos.

Los dos salimos al jardín. Hace mucho frío. Nos acercamos poco a poco al cobertizo. Todo está en silencio. Yo agarro fuerte la mano del abuelo. Sé que los dos juntos podemos vencer al monstruo que está en el cobertizo.

Abuelo: ¿Abro ya la puerta?

Mario: Sí, estoy preparado.

Abuelo: ¡Adelante!

Las luces están apagadas. De pronto todo se ilumina y se escucha una sola frase.

Todos: ¡Feliz cumpleaños, Mario!

Parece un sueño. Ahí estoy yo con mis rodilleras, mi casco y mi espada láser en alto. Mientras, todos cantan el cumpleaños feliz. El abuelo me abraza. Veo a papá y a Lou. También está mamá que sostiene a la pequeña Sara en brazos. Mis tíos, mis primos y hasta un amigo del abuelo. Algunos vecinos están con sus hijos y, al fondo, veo a mis amigos del colegio.

Mario: ¡Vaya sorpresa! ¡Papá! ¡Qué contento estoy de verte!

Papá: Y yo a ti, renacuajo. Mira cuántos regalos tienes.

Mario: ¡Mamá! Sara es preciosa. ¡Y muy pequeña!

Mamá: Sí, es tan linda como tú. Ahora tienes que pedir un deseo y soplar las velas.

Cierro los ojos y me acuerdo de las galletas de la suerte. Pido un deseo. Yo pido estar siempre con mi familia. También con Lou y Pulguita. Soplo las velas. Todos aplauden. Este es el mejor cumpleaños de toda mi vida.

Resumen capítulo diez

Mario y el abuelo están nerviosos porque tienen que ir al cobertizo y descubrir el enigma. Mario tiene un nudo en el estómago y no quiere comer nada. El chico pregunta a su abuelo qué hora es cada cinco minutos. Ya son las siete y veinte. Los dos deciden que es mejor ir armados al cobertizo. Mario lleva casco, rodilleras y su espada láser. Cuando el abuelo abre la puerta, todo está oscuro. Después las luces se encienden. Allí están el padre, la madre, la hermana recién nacida y los tíos de Mario. También están sus amigos y algunos vecinos. Es una sorpresa. Todos cantan el cumpleaños feliz. Es el día más feliz de la corta vida de Mario.

Chapter ten summary

Mario and grandpa are nervous because they have to go to the shed and discover the enigma. Mario has a knot in the stomach, he does not want to eat anything. The boy asks his grandfather what time it is every five minutes. It's already seven past twenty. Both of them decide that it is better to go armed to the shed. Mario wears a helmet, knee pads and his laser sword. When grandpa opens the door, everything is dark. Then the lights switch on. There are the father, the mother, the newborn sister and Mario's uncles. There are also his friends and some neighbors. It's a surprise. Everyone sings happy birthday song. It's the happiest day of Mario's short life.

-FIN-

VOCABULARIO POR CAPÍTULOS

Capítulo uno

A veces: sometimes

Abrazo: hug / embrace

Abrir: to open

Abuela: grandmother

Abuelo: grandfather

Acariciar: to caress

Acerca de: about

Acostarse: to go to bed

Adiestrador: dog trainer

Áspero/a: rough

Ayudar: to help

Azúcar: sugar

Barriga: belly

Bien despierta: very bright

Bizcocho: sponge cake

Buenas noches: good night

Buscar: to look for / to search for

Caliente: hot

Cariño: darling / affection

Cenar: to have dinner

Chupar: to lick

Cielo: sky

Cien: one hundred

Cocina: kitchen

Coger: to take

Comer: to eat

Contar: to count

Dar un mordisco: to give a bite

Darse cuenta: to realise / to realize

Darse un baño: to take a bath

De acuerdo: all right

De parte de: from

Dentro de: inside

Diablillo: little devil

Dibujos animados: cartoons

Diente: tooth

Dormir: to sleep

Dulce: sweet / candy

Duro/a: stiff / hard

Edificio: building

Encender: to turn on / to switch on

Encontrar: to find

Enorme: enormous

Es tarde: It's late

Estar callado: to be quiet

Estar preocupado/a: to be worried

Etiqueta: label

Galleta: cookie

Hermana: sister

Investigador: investigator

Ladrar: to bark

Leche: milk

Leer: to read

Lengua: tongue

Lunes: Monday

Magdalena: cupcake

Mamá: mum

Mantequilla: butter

Mañana: tomorrow

Mente abierta: open mind

Mochila: rucksack / backpack

Montón: lot / pile

Nota: note

Nuestro/a: our

Ocho: eight

Oler: to smell

Olor: smell

Oso: bear

Papá: dad

Pastor alemán: German shepherd

Pedir: to ask for / to request

Perro/a: dog

Piedra: stone

Por la noche: at night

Primero: first

Resolver: to solve

Sábado: Saturday

Seguir la pista: to track

Sentarse: to sit down

Siempre: always

Sofá: sofa / couch

Suceder: to happen

Tapa: cover / tap

Tengo siete años: I'm seven years old

Terremoto: earthquake

Vaso: glass

Viajar: to travel

Viernes: Friday

Capítulo dos

¡Qué desastre!: What a disaster!

¿Qué haces?: What are you doing?

¿Te importa?: Do you mind?

Abrazo: hug / embrace

Acercarse: to move closer

Actuar: to act

Agachar: to hang

Agua: water

Ahora mismo: right now

Alimentarse: to feed on

Almohada: pillow

Aplicar: to apply

Atado/a: tied

Atreverse: to dare

Atreverse: to dare

Ayudar: to help

Ayudar: to help

Bajar: to go down

Barrer: to sweep

Barriga: belly

Beber: to drink

Beso: kiss

Brazo: arm

Buscar: to look for / to search for

Cabeza: head

Calor: hot

Camiseta: t-shirt

Cara: face

Cereales: cereals

Ciudad: city

Cocina: kitchen

Coger: to take

Con cuidado: carefully

Correa: dog collar

Correr: to run

Cristal: crystal

Dentro: inside

Desastre: mess / disaster

Desayunar: to have breakfast

Disgustado/a: upset

Dormir: to sleep

Dos: two

Dulce: sweet / candy

Encontrar: to find / to discover

Entre: between

Escoba: broom

Escombro: debris

Estantería: shelves

Estar asustado: to be scared

Estar avergonzado: to be embarrassed

Estar enfadado/a: to be angry

Estar preparado: to be ready

Estirar: to stretch

Feo/a: ugly

Fresa: strawberry

Fuego: fire

Gas: gas

Gota: drop

Grande: big

Guardar: to keep

Guiñar: to wink

Habitación: room

Hablar: to talk

Hermanita: Little sister

Hundido/a: sunken

Lágrimas: tears

Leche: milk

Levantar la voz: to speak loudly

Llorar: to cry

Lo siento: I'm sorry

Manga: sleeve

Mantequilla: butter

Mejilla: cheek

Mermelada: jam / marmalade

Mil: one thousand

Mirar de reojo: to look of the corner of your eye

Mirar: to look / to watch

Misión: mission

Mucho rato: long time

Ningún: no

Nota: note

Odiar: to hate

Oir: to hear

Ojo: eye

Pantalón corto: short pants

Papel: paper

Pecho: chest

Pedazo: piece

Peligroso/a: dangerous

Pensar: to think

Poner: to put / to place

Poner: to put / to place

Rápido: fast / quick

Rayas: stripes

Resbalar: to slip

Resbalar: to slip

Rescatar: to rescue

Resolver: to solve

Romper: to break

Ruido: noise

Sábado: Saturday

Saber: to know

Salir: to leave

Salvar la vida: to save life

Secar: to dry

Silla: chair

Subir: to go up / to climb

Suelo: floor

Tapar: to cover

Tener cuidado: to be careful

Terminar: to finish

Terremoto: earthquake

Tipo: kind

Tostada: toast

Triste: sad

Tumbarse: to lie down

Untar: to spread

Venir: to come

Vestirse: to dress

Voz: voice

Zumo de naranja: orange juice

Capítulo tres

¿Dónde?: Where?

Abrazar: to embrace

Abrir: to open

Actitud: attitude

Agarrar: to take

Ahora mismo: right now

Alerta: alert

Amo: owner

Árbol: tree

Aupar: to lift up

Avaricia: avarice

Blancanieves: Snow White

Blanco: white

Bolsillo: pocket

Bonachón/a: kindly

Cabeza: head

Cabritillos: kid / lamb

Caer: to fall

Caminar: to walk

Cenar: to have dinner

Centro comercial: shopping mall

Comprar: to buy

Contento/a: glad

Copa: cup

Correr: to run

Creer: to believe / to think

Cuento: story

Cuidar: to look after / to take care

Dar la vuelta a algo: to flip

Dar saltos de alegría: to jump with joy

Dar un paseo: to go for a walk

Derecho: right

Desatar: to untie

Deseo: wish

Dormilón/a: sleepyhead

Elegir: to choose

En la parte de arriba: on the top

Enanito: dwarf

Encontrarse: to run into

Envidia: envy

Esperar: to wait for

Estornudo: sneeze

Flores: flowers

Grito: shout

Gruñón/a: grumpy

Gula: gluttony

Gustar: to like

Hacer pis: to pee

Helado: ice-cream

Hocico: snout / nose

Hojas: leafs

Insistir: to keep going

Ira: rage / anger

Jardín: garden

Ladrar: to bark

Levantar: to raise

Lujuria: lust / carnal desire

Mano: hand

Meter: to put into

Mientras: meanwhile

Mirar: to look / to watch

Montón: lot / pile

Mudito/a: Little mute

Nombre: name

Nudo: knot

Número: number

Olisquear: to sniff

Oreja: ear

Palabra: word

Pata trasera: back paw

Pecado capital: capital sin / deadly sin

Pedir: to ask for

Pereza: laziness

Pie: foot

Pista: clue

Poder: to can

Ponerse de pie: to stand up

Por la tarde: in the evening

Preferido: favourite / favorite

Princesa: princess

Quitar el ojo de encima: to have your eyes on something

Rama: branch

Regresar: to go back

Representar: to symbolise / to symbolize

Resbalar: to slip

Ropa: clothes

Sabio/a: wise

Salón: hall / lounge

Siete: seven

Significado: meaning

Significar: to mean

Soberbia: pride / arrogance

Sobre: envelope

Subir: to go up / to climb

Tal vez: maybe / perhaps

Ten cuidado: be careful

Tímido/a: shy

Tronco: trunk

Capítulo cuatro

A lo mejor: maybe / perhaps

A veces: sometimes

Acostarse: to go to bed

Además: in addition

Apetito: appetite

Ardilla: squirrel

Bailarina: dancer

Boca: mouth

Bosque: forest

Bote: pot / container

Cabeza: head

Celebrar: to celebrate

Cena: dinner

Coger: to take

Colegio: school

Comer: to eat

Conejo: rabbit

Dar igual: not matter

Dar un mordisco: to give a bite

Darse un baño: to take a bath

Decir: to say

Dedo: finger

Dentro: inside

Derrota: defeat

Desayuno: breakfast

Descubrir: to discover

Desdoblar: to unfold

Despertar: to wake up

Dibujo: drawing

Diez: ten

Divertirse: to entertain

Domingo: Sunday

Dormir: to sleep

Dos: two

Dragón: dragon

Echar la siesta: to take a nap

Encargarse: top ut in charge of

Encender: to turn on / to switch on

Encontrar: to find

Enfadar: to annoy

Enorme: enormous

Ensalada: salad

Enseguida: immediately

Entender: to understand

Escuchar: to listen to

Esta tarde: this afternoon

Extraño: strange

Ficha: card

Fiesta: party

Fuego: fire

Futbolista: football player / soccer player

Ganar: to win

Genial: great

Hacer los deberes: to do the homework

Hada: fairy

Jugar a las cartas: to play cards

Las nueve y media: half past nine

Leer: to read

Llamas: flames

Llevar: to carry

Luchar contra: to fight against

Lunes: Monday

Mano: hand

Matar: to kill

Mayor: bigger

Mejor: better

Menor: smaller / fewer

Mientras: meanwhile

Misterioso: mysterious

Música: music

Nervios: nerves

Notar: to notice

Objeto: object

Oveja: sheep

Pájaro: bird

Papelito: little paper

Parecer: to seem / to be alike

Partida: hand / round

Paseo: walk

Peces: fishes

Pegar patadas: to throw kicks

Película: film

Poner el pijama: to dress the pyjamas

Poner la mesa: to set the table

Por la mañana: in the morning

Por la noche: at night

Por la noche: at night

Por último: finally

Preparar la cena: to make the dinner

Preparar: to prepare

Primero/a: first

Profundamente: deeply

Pronto: soon

Quedarse en casa: to stay home

Quemar: to burn

Rápido: fast / quick

Referirse: to relate

Reir: to laugh

Respuesta: answer

Resta: subtraction

Salvar: to save

Segunda: second

Seis: six

Significar: to mean

Soñar: to dream

Suma: addition

Tapa: cover / tap

Tener siete años: to be seven years old

Tercera: third

Tomar: to take

Tres: three

Valiente: brave

Varita mágica: magic wand

Veinte: twenty

Ver: to see

Voz alta: aloud

Capítulo cinco

Acompañar: to accompany

Alas: wings

Almuerzo: brunch

Aprender: to learn

Aunque: although

Avanzar: to advance

Bajar la fiebre: lower the fever

Barriga: belly

Bolsa: bag

Casualidad: coincidence

Centenas: hundreds

Cinco: five

Claro: of course / clearly

Compañeros de clase: classmates

Comprar: to buy

Creer: to believe / to think

Cuerpo: body

Dama: lady

Decenas: tens

Despacho: office

Despacio: slowly

Dibujo: drawing

Dinero: money

Director: director / headmaster

Dividir: to divide

Doler: to ache

Edad: age

El borde de la cama: the edge of the bed

Enseñar: to teach

Entender: to understand

Esperar: to wait for

Estar confundido: to be confused

Estar distraído: to be distracted

Estar en apuros: to find yourself in a light spot

Estar relacionado: to be related / to be connected

Explicar: to explain

Fila: line

Gracioso: funny

Hasta el momento: up to now

Jarabe: syrup

Las cinco y media: half past five

Lento: slow

Llamar la atención: to tell off

Llegar: to arrive

Lo siento: I'm sorry

Monedas: coins

Ocurrirse: to occur / to come to mind

Paciencia: patience

Partes: parts

Pensar: to think

Plato: plate

Poema: poem

Por la mañana: in the morning

Prestar: to lend

Presumir: to brag / to show off

Profesor/a: teacher

Próximo: next

Pupitre: desk

Raya: stripe

Reír: to laugh

Resultado: result

Sentado: sitting

Separar: to separate

Silencio: silence

Sin embargo: however

Sopa: soup

Tampoco: neither / either

Tener fiebre: to have a fever

Termómetro: thermometer

Tiempo: time

Unidades: units

Veintisiete: twenty-seven

Velocidad: speed

Viejo: old man

Volver: to go back

Capítulo seis

¿Qué está pasando?: What's going on?

Acordarse: to remember

Arroz: rice

Averiguar: to discover

Cama: bed

Cambiar: to change

Castillo: castle

Catorce: fourteen

Cerrar: to close

Cinturón: belt

Cita: appointment

Coger: to take

Colcha: bedspread

Colocar: to put / to place

Comprobar: to check

Cortar: to cut off

Cuatro: four

Cuidar: to look after / to take care of

Dar vueltas: to go around

Décimas: tenths

Dejar ver: to show

Dios mío: my god

Dormir: to sleep

Echar a volar: to take flight

Empapado: soaked

Encerrado/a: locked up

Enfermo: sick / ill

Escalofríos: shivers / chills

Espada láser: laser sword

Espalda: back

Estar en lo alto: to be on top

Estar en orden: to be in order

Estómago: stomach

Frente: forehead

Frío/a: cold

Función de Navidad: Christmas show

Hablar: to talk / to speak

Hacer caso: pay attention

Hacer efecto: to take effect

Huir: to run away

Ir: to go

Jeroglífico: hieroglyph

Largo/a: long

Lengua: tongue

Liberar: to free

Llamar por teléfono: to make a phone call

Lleno: full

Madre: mother

Maravilloso/a: marvelous

Martes: Tuesday

Medicación: medication

Mensaje: message

Miedo: fear

Mirar fijamente: to stare

Niña: girl

Obligar: to oblige / to make

Oír: to hear

Otra vez: again

Pasar la tarde: to spend the afternoon

Periódico: newspaper

Pictograma: pictogram

Pista: clue

Por la mitad: in half

Preguntar: to ask for / to request

Representar: to represent

Rescatar: to rescue

Revolver: to stir

Rojo/a: red

Romper: to break

Sensación: feeling / emotion

Símbolo: symbol

Sitio: place

Susto: fright / scare

Torre: tower

Trabajar: to work

Tranquilizar: to calm down

Tranquilo: calm / quiet

Trapo: rag

Último/a: last

Ver: to see

Viernes: Friday

Volar: to fly

Capítulo siete

Acompañar: to accompany

Adormilado/a: sleepy

Alfombra: carpet

Aparecer: to appear

Apuesta: bet

Apuntar: to take note

Asustar: to scare

Azar: random

Barrio: neighborhood

Bolsa: bag

Buena señal: good sign

Calle: street

Coche: car

Color: colour / color

Crecer: to grow

Cuaderno: notebook

Cuarteto: quartet

Dar un mordisco: to give a nibble

Deberes: homework

Echar la siesta: to take a nap

En efecto: indeed

Ensuciar: to get dirty

Enviar: to send

Escoger: to choose

Gritar: to shout

Imitar: to imitate

Manchar: to stain

Miércoles: Wednesday

Migas: crumb

Música de viento: wind music

Pan: bread

Parecer: to look like

Pelo: hair

Por la noche: at night

Respirar: to breathe

Rosa: pink

Sentirse raro/a: to feel weird

Sofá: sofa / couch

Suelo: floor

Tener contracciones: to have contractions

Tener hambre: to be hungry

Tía: aunt

Tripa: belly

Tumbarse: to lay down

Vecino: neighbour

Volver a casa: to back home

Capítulo ocho

A las siete y media: half past seven

Al principio: at the beginning

Amigo: friend

Antes: before

Apartar: to move away

Atún: tuna

Bañera: bathtub

Bebé: baby

Cara: face

Cariño: affection

Cebolla: onion

Celoso/a: jealous

Chicas: girls

Chuparse los dedos: to suck your fingers

Colgar: to hang up

Corazón: heart

Cuna: cot / crib

Debajo: under

Día siguiente: next day

Divertido: funny

Envidia: envy

Espárrago: asparagus

Felicitar: to congratulate

Guapa: pretty

Hermano mayor: older brother

Intentar: to try

Lechuga: lettuce

Llenar: to fill

Llorar: to cry

Mahonesa: mayonnaise

Mancha: stain / mark

Más o menos: more or less

Nacer: to born

Negro/a: black

Ojeras: eye bags

Pequeña: small

Perder: to lose

Preciosa: precious

Preocupación: worry

Querer: to love

Queso: cheese

Respuesta: answer / reply

Sonrisa: smile

Temor: fear

Tener ganas: to feel like

Tomate: tomato

Untar: to spread

Vegetal: vegetable

Virus: virus

Capítulo nueve

A las siete y viente: at seven twenty

Acordarse: to remember

Almuerzo: brunch

Armario: wardrobe / closet

Bocadillo: sandwich

Bolsa de plástico: plastic bag

Buenos días: good morning

Clave: key

Cobertizo: shed

Comida: food

Conmigo: with me

Cumpleaños: birthday

Darse prisa: to hurry up

Desdoblar: to unfold

Echar un vistazo: to have a look

Estirar: to stretch

Faltar: to left

Farmacia: pharmacy

Guardar: to keep

Jamón: ham

Juntar las piezas: to put the pieces together

Magdalenas: sponge cakes

Miedo: fear

Migas: crumbs

Mochila: shoulder bag / backpack

Ojalá: let's hope

Peligroso: dangerous

Proteger: to protect

Recado: errand

Recreo: playtime

Tener ganas: to feel like

Trozo: piece

Viernes: Friday

Capítulo diez

¿Qué hora es?: What time is it?

Abrazar: to embrace / to hug

Acercarse: to approach

Agarrar: to take / to grab

Al fondo: at the back

Aplaudir: to applaud

Bicicleta: bicycle

Brillante: sparkling

Cantar: to sing

Casco: helmet

Dar vueltas: to go around

Despacio: slowly

Encender: to turn on / to switch on

Familia: family

Feliz cumpleaños: happy birthday

Fuerte: strong

Hijos: children

Incluso: even

Ir armado/a: to go armed

Las siete menos diez: Ten to seven

Linda: cute

Merienda: snack

Monstruo: monster

No me importa: I do not care

Olvidar: to forget

Paciente: patient

Parar: to stop

Pedir un deseo: to make a wish

Primos: cousins

Regalo: gift / present

Renacuajo: little guy / tadpole

Rodilleras: kneepad

Saberse de memoria: to know by heart

Seguro/a: safe

Silencio: silence

Soplar las velas: to blow the candles

Sostener: to hold

Suerte: luck

Tener un nudo en el estómago: to have a knot in the stomach

Tíos: uncles

Vencer: to beat / to overcome

VOCABULARIO COMPLETO

¡Qué desastre!: What a disaster!

¿Dónde?: Where?

¿Qué está pasando?: What's going on?

¿Qué haces?: What are you doing?

¿Qué hora es?: What time is it?

¿Te importa?: Do you mind?

A

A las siete y media: half past seven

A las siete y viente: at seven twenty

A lo mejor: maybe / perhaps

A veces: sometimes

Abrazar: to embrace / to hug

Abrazo: hug / embrace

Abrir: to open

Abuela: grandmother

Abuelo: grandfather

Acariciar: to caress

Acerca de: about

Acercarse: to approach

Acercarse: to move closer

Acompañar: to accompany

Acordarse: to remember

Acostarse: to go to bed

Actitud: attitude

Actuar: to act

Además: in addition

Adiestrador: dog trainer

Adormilado/a: sleepy

Agachar: to hang

Agarrar: to take / to grab

Agua: water

Ahora mismo: right now

Al fondo: at the back

Al principio: at the beginning

Alas: wings

Alerta: alert

Alfombra: carpet

Alimentarse: to feed on

Almohada: pillow

Almuerzo: brunch

Amigo: friend

Amo: owner

Antes: before

Aparecer: to appear

Apartar: to move away

Apetito: appetite

Aplaudir: to applaud

Aplicar: to apply

Aprender: to learn

Apuesta: bet

Apuntar: to take note

Árbol: tree

Ardilla: squirrel

Armario: wardrobe / closet

Arroz: rice

Áspero/a: rough

Asustar: to scare

Atado/a: tied

Atreverse: to dare

Atún: tuna

Aunque: although

Aupar: to lift up

Avanzar: to advance

Avaricia: avarice

Averiguar: to discover

Ayudar: to help

Azar: random

Azúcar: sugar

B

Bailarina: dancer

Bajar la fiebre: lower the fever

Bajar: to go down

Bañera: bathtub

Barrer: to sweep

Barriga: belly

Barrio: neighborhood

Bebé: baby

Beber: to drink

Beso: kiss

Bicicleta: bicycle

Bien despierta: very bright

Bizcocho: sponge cake

Blancanieves: Snow White

Blanco: white

Boca: mouth

Bocadillo: sandwich

Bolsa de plástico: plastic bag

Bolsa: bag

Bolsillo: pocket

Bonachón/a: kindly

Bosque: forest

Bote: pot / container

Brazo: arm

Brillante: sparkling

Buena señal: good sign

Buenas noches: good night

Buenos días: good morning

Buscar: to look for / to search for

C

Cabeza: head

Cabritillos: kid / lamb

Caer: to fall

Caliente: hot

Calle: street

Calor: hot

Cama: bed

Cambiar: to change

Caminar: to walk

Camiseta: t-shirt

Cantar: to sing

Cara: face

Cariño: darling / affection

Casco: helmet

Castillo: castle

Casualidad: coincidence

Catorce: fourteen

Cebolla: onion

Celebrar: to celebrate

Celoso/a: jealous

Cena: dinner

Cenar: to have dinner

Centenas: hundreds

Centro comercial: shopping mall

Cereales: cereals

Cerrar: to close

Chicas: girls

Chupar: to lick

Chuparse los dedos: to suck your fingers

Cielo: sky

Cien: one hundred

Cinco: five

Cinturón: belt

Cita: appointment

Ciudad: city

Claro: of course / clearly

Clave: key

Cobertizo: shed

Coche: car

Cocina: kitchen

Coger: to take

Colcha: bedspread

Colegio: school

Colgar: to hang up

Colocar: to put / to place

Color: colour / color

Comer: to eat

Comida: food

Compañeros de clase: classmates

Comprar: to buy

Comprobar: to check

Con cuidado: carefully

Conejo: rabbit

Conmigo: with me

Contar: to count

Contento/a: glad

Copa: cup

Corazón: heart

Correa: dog collar

Correr: to run

Cortar: to cut off

Crecer: to grow

Creer: to believe / to think

Cristal: crystal

Cuaderno: notebook

Cuarteto: quartet

Cuatro: four

Cuento: story

Cuerpo: body

Cuidar: to look after / to take care of

Cumpleaños: birthday

Cuna: cot / crib

D

Dama: lady

Dar igual: not matter

Dar la vuelta a algo: to flip

Dar saltos de alegría: to jump with joy

Dar un mordisco: to give a bite / to give a nibble

Dar un paseo: to go for a walk

Dar vueltas: to go around

Darse cuenta: to realise / to realize

Darse prisa: to hurry up

Darse un baño: to take a bath

De acuerdo: all right

De parte de: from

Debajo: under

Deberes: homework

Decenas: tens

Décimas: tenths

Decir: to say

Dedo: finger

Dejar ver: to show

Dentro de: inside

Derecho: right

Derrota: defeat

Desastre: mess / disaster

Desatar: to untie

Desayunar: to have breakfast

Desayuno: breakfast

Descubrir: to discover

Desdoblar: to unfold

Deseo: wish

Despacho: office

Despacio: slowly

Despertar: to wake up

Día siguiente: next day

Diablillo: little devil

Dibujo: drawing

Dibujos animados: cartoons

Diente: tooth

Diez: ten

Dinero: money

Dios mío: my god

Director: director / headmaster

Disgustado/a: upset

Divertido: funny

Divertirse: to entertain

Dividir: to divide

Doler: to ache

Domingo: Sunday

Dormilón/a: sleepyhead

Dormir: to sleep

Dos: two

Dragón: dragon

Dulce: sweet / candy

Duro/a: stiff / hard

E

Echar a volar: to take flight

Echar la siesta: to take a nap

Echar un vistazo: to have a look

Edad: age

Edificio: building

El borde de la cama: the edge of the bed

Elegir: to choose

Empapado: soaked

En efecto: indeed

En la parte de arriba: on the top

Enanito: dwarf

Encargarse: top ut in charge of

Encender: to turn on / to switch on

Encerrado/a: locked up

Encontrar: to find / to discover

Encontrarse: to run into

Enfadar: to annoy

Enfermo: sick / ill

Enorme: enormous

Ensalada: salad

Enseguida: immediately

Enseñar: to teach

Ensuciar: to get dirty

Entender: to understand

Entre: between

Enviar: to send

Envidia: envy

Es tarde: It's late

Escalofríos: shivers / chills

Escoba: broom

Escoger: to choose

Escombro: debris

Escuchar: to listen to

Espada láser: laser sword

Espalda: back

Espárrago: asparagus

Esperar: to wait for

Esta tarde: this afternoon

Estantería: shelves

Estar asustado/a: to be scared

Estar avergonzado/a: to be embarrassed

Estar callado/a: to be quiet

Estar confundido/a: to be confused

Estar distraído/a: to be distracted

Estar en apuros: to find yourself in a light spot

Estar en lo alto: to be on top

-128-

Estar en orden: to be in order

Estar enfadado/a: to be angry

Estar preocupado/a: to be worried

Estar relacionado/a: to be related / to be connected

Estirar: to stretch

Estómago: stomach

Estornudo: sneeze

Etiqueta: label

Explicar: to explain

Extraño: strange

F

Faltar: to left

Familia: family

Farmacia: pharmacy

Felicitar: to congratulate

Feliz cumpleaños: happy birthday

Feo/a: ugly

Ficha: card

Fiesta: party

Fila: line

Flores: flowers

Frente: forehead

Fresa: strawberry

Frío/a: cold

Fuego: fire

Fuerte: strong

Función de Navidad: Christmas show

Futbolista: football player / soccer player

G

Galleta: cookie

Ganar: to win

Gas: gas

Genial: great

Gota: drop

Gracioso: funny

Grande: big

Gritar: to shout

Grito: shout

Gruñón/a: grumpy

Guapa: pretty

Guardar: to keep

Guiñar: to wink

Gula: gluttony

Gustar: to like

H

Habitación: room

Hablar: to talk / to speak

Hacer caso: pay attention

Hacer efecto: to take effect

Hacer los deberes: to do the homework

Hacer pis: to pee

Hada: fairy

Hasta el momento: up to now

Helado: ice-cream

Hermana: sister

Hermanita: little sister

Hermano mayor: older brother

Hijos: children

Hocico: snout / nose

Hojas: leafs

Huir: to run away

Hundido/a: sunken

I

Imitar: to imitate

Incluso: even

Insistir: to keep going

Intentar: to try

Investigador: investigator

Ir armado/a: to go armed

Ir: to go

Ira: rage / anger

J

Jamón: ham

Jarabe: syrup

Jardín: garden

Jeroglífico: hieroglyph

Jugar a las cartas: to play cards

Juntar las piezas: to put the pieces together

K

L

Ladrar: to bark

Lágrimas: tears

Largo/a: long

Las cinco y media: half past five

Las nueve y media: half past nine

Las siete menos diez: Ten to seven

Leche: milk

Lechuga: lettuce

Leer: to read

Lengua: tongue

Lento: slow

Levantar la voz: to speak loudly

Levantar: to raise

Liberar: to free

Linda: cute

Llamar la atención: to tell off

Llamar por teléfono: to make a phone call

Llamas: flames

Llegar: to arrive

Llenar: to fill

Lleno: full

Llevar: to carry

Llorar: to cry

Lo siento: I'm sorry

Luchar contra: to fight against

Lujuria: lust / carnal desire

Lunes: Monday

M

Madre: mother

Magdalena: cupcake

Mahonesa: mayonnaise

Mamá: mum

Mancha: stain / mark

Manchar: to stain

Manga: sleeve

Mano: hand

Mantequilla: butter

Mañana: tomorrow

Maravilloso/a: marvelous

Martes: Tuesday

Más o menos: more or less

Matar: to kill

Mayor: bigger

Medicación: medication

Mejilla: cheek

Mejor: better

Menor: smaller / fewer

Mensaje: message

Mente abierta: open mind

Merienda: snack

Mermelada: jam / marmalade

Meter: to put into

Miedo: fear

Mientras: meanwhile

Miércoles: Wednesday

Migas: crumbs

Mil: one thousand

Mirar de reojo: to look of the corner of your eye

Mirar fijamente: to stare

Mirar: to look / to watch

Misión: mission

Misterioso: mysterious

Mochila: shoulder bag / backpack

Monedas: coins

Monstruo: monster

Montón: lot / pile

Mucho rato: long time

Mudito/a: little mute

Música de viento: wind music

Música: music

N

Nacer: to born

Negro/a: black

Nervios: nerves

Ningún: no

Niña: girl

No me importa: I do not care

Nombre: name

Nota: note

Notar: to notice

Nudo: knot

Nuestro/a: our

Número: number

Ñ

O

Objeto: object

Obligar: to oblige / to make

Ocho: eight

Ocurrirse: to occur / to come to mind

Odiar: to hate

Oir: to hear

Ojalá: let's hope

Ojeras: eye bags

Ojo: eye

Oler: to smell

Olisquear: to sniff

Olor: smell

Olvidar: to forget

Oreja: ear

Oso: bear

Otra vez: again

Oveja: sheep

P

Paciencia: patience

Paciente: patient

Pájaro: bird

Palabra: word

Pan: bread

Pantalón corto: short pants

Papá: dad

Papel: paper

Papelito: little paper

Parar: to stop

Parecer: to seem / to be alike / to look like

Partes: parts

Partida: hand / round

Pasar la tarde: to spend the afternoon

Paseo: walk

Pastor alemán: German shepherd

Pata trasera: back paw

Pecado capital: capital sin / deadly sin

Peces: fishes

Pecho: chest

Pedazo: piece

Pedir un deseo: to make a wish

Pedir: to ask for / to request

Pegar patadas: to throw kicks

Película: film

Peligroso/a: dangerous

Pelo: hair

Pensar: to think

Pequeña: small

Perder: to lose

Pereza: laziness

Periódico: newspaper

Perro/a: dog

Pictograma: pictogram

Pie: foot

Piedra: stone

Pista: clue

Plato: plate

Poder: to can

Poema: poem

Poner el pijama: to dress the pyjamas

Poner la mesa: to set the table

Poner: to put / to place

Ponerse de pie: to stand up

Por la mañana: in the morning

Por la mitad: in half

Por la noche: at night

Por la tarde: in the evening

Por último: finally

Preciosa: precious

Preferido: favourite / favorite

Preguntar: to ask for / to request

Preocupación: worry

Preparar la cena: to make the dinner

Preparar: to prepare

Prestar: to lend

Presumir: to brag / to show off

Primero/a: first

Primos: cousins

Princesa: princess

Profesor/a: teacher

Profundamente: deeply

Pronto: soon

Proteger: to protect

Próximo/a: next

Pupitre: desk

Q

Quedarse en casa: to stay home

Quemar: to burn

Querer: to love

Queso: cheese

Quitar el ojo de encima: to have your eyes on something

R

Rama: branch

Rápido/a: fast / quick

Raya: stripe

Rayas: stripes

Recado: errand

Recreo: playtime

Referirse: to relate

Regalo: gift / present

Regresar: to go back

Reir: to laugh

Renacuajo: little guy / tadpole

Representar: to represent

Representar: to symbolise / to symbolize

Resbalar: to slip

Rescatar: to rescue

Resolver: to solve

Respirar: to breathe

Respuesta: answer / reply

Resta: subtraction

Resultado: result

Revolver: to stir

Rodilleras: kneepad

Rojo/a: red

Romper: to break

Ropa: clothes

Rosa: pink

Ruido: noise

S

Sábado: Saturday

Saber: to know

Saberse de memoria: to know by heart

Sabio/a: wise

Salir: to leave

Salón: hall / lounge

Salvar: to save

Secar: to dry

Seguir la pista: to track

Segunda: second

Seguro/a: safe

Seis: six

Sensación: feeling / emotion

Sentado/a: sitting

Sentarse: to sit down

Sentirse raro/a: to feel weird

Separar: to separate

Siempre: always

Siete: seven

Significado: meaning

Significar: to mean

Silencio: silence

Silla: chair

Símbolo: symbol

Sin embargo: however

Sitio: place

Soberbia: pride / arrogance

Sobre: envelope

Sofá: sofa / couch

Sonrisa: smile

Soñar: to dream

Sopa: soup

Soplar las velas: to blow the candles

Sostener: to hold

Subir: to go up / to climb

Suceder: to happen

Suelo: floor

Suerte: luck

Suma: addition

Susto: fright / scare

T

Tal vez: maybe / perhaps

Tampoco: neither / either

Tapa: cover / tap

Tapar: to cover

Temor: fear

Tener contracciones: to have contractions

Tener cuidado: to be careful

Tener fiebre: to have a fever

Tener ganas: to feel like

Tener hambre: to be hungry

Tener siete años: to be seven years old

Tener un nudo en el estómago: to have a knot in the stomach

Tengo siete años: I'm seven years old

Tercera: third

Terminar: to finish

Termómetro: thermometer

Terremoto: earthquake

Tía: aunt

Tiempo: time

Tímido/a: shy

Tíos: uncles

Tipo: kind

Tomar: to take

Tomate: tomato

Torre: tower

Tostada: toast

Trabajar: to work

Tranquilizar: to calm down

Tranquilo: calm / quiet

Trapo: rag

Tres: three

Tripa: belly

Triste: sad

Tronco: trunk

Trozo: piece

Tumbarse: to lie down

U

Último/a: last

Unidades: units

Untar: to spread

V

Valiente: brave

Varita mágica: magic wand

Vaso: glass

Vecino: neighbour

Vegetal: vegetable

Veinte: twenty

Veintisiete: twenty-seven

Velocidad: speed

Vencer: to beat / to overcome

Venir: to come

Ver: to see

Vestirse: to dress

Viajar: to travel

Viejo: old man

Viernes: Friday

Virus: virus

Volar: to fly

Volver a casa: to back home

Volver: to go back

Voz alta: aloud

Voz: voice

W

X

Y

Z

Zumo de naranja: orange juice

LÉXICO Y GRAMÁTICA / LEXICON AND GRAMMAR

1. **Reglas generales para formar el femenino en sustantivos (existen excepciones a la regla):**

- Si terminan en **–o** esta se transforma en **-a**:

niñ**o**	niñ**a**
abuel**o**	abuel**a**
perr**o**	perr**a**

- Si terminan en consonante añadimos una **-a**:

profesor	profesor**a**
adiestrado	adiestrador
r	**a**
investigad	investigado
or	r**a**

- Algunos sustantivos cambian sus terminaciones por **-esa**, **-iz** **-ina,**:

príncipe	princ**esa**
actor	actr**iz**
héroe	hero**ína**

- Algunos sustantivos utilizan palabras diferentes para cada género:

hombre mujer
padre   madre
hembra varón

- Los nombres de profesiones suelen formar el femenino en **-a**:

  profesor profeso**ra**
  juez   juez**a**
  secretario secretari**a**

Permanecen igual los que acaban en **-ista**, que se diferencian por el artículo masculino o femenino que va delante:

  el artista   la artista
  el deportista   la deportista

- Algunos sustantivos femeninos, al comenzar por la letra a, en su forma singular llevan el artículo masculino para evitar la cacofonía. Pero cuando forman el plural, llevan el artículo que corresponde a su género:

  el alma   las almas
  el ala   las alas

- Algunos sustantivos cambian su significado al adoptar su forma femenina:

el caso	la casa
el bolso	la bolsa
el barco	la barca
el suelo	la suela
el orden	la orden

- Algunos sustantivos permanecen invariables y su género lo decide el artículo que está delante:

el estudiante	la estudiante
el joven	la joven
el testigo	la testigo

2. Adjetivos:

- Si terminan en **-án**, **-ín**, **-ón**, **-or** se añade una **-a**:

holgazán	holgazana
juguetón	juguetona
dormilón	dormilona
hablador	habladora

- Si terminan en **-o** cambian esta por una **-a**:

áspero	áspera
rápido	rápida

- Los gentilicios añaden -**a** excepto los que terminan en -**a**, -**í**, -**e** que no cambian:

español	española
alemán	alemana
belga	belga
inglés	inglesa
israelí	israelí

- El resto de los adjetivos son invariables:

  fuerte
  interesante
  paciente
  inteligente

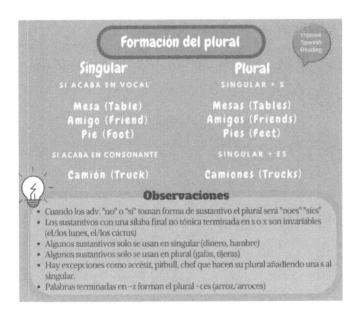

Formación del plural

Singular	Plural
SI ACABA EN VOCAL	**SINGULAR + S**
Mesa (Table)	Mesas (Tables)
Amigo (Friend)	Amigos (Friends)
Pie (Foot)	Pies (Feet)
SI ACABA EN CONSONANTE	**SINGULAR + ES**
Camión (Truck)	Camiones (Trucks)

Observaciones

- Cuando los adv. "no" o "sí" toman forma de sustantivo el plural será "noes" "síes"
- Los sustantivos con una sílaba final no tónica terminada en s o x son invariables (el/los lunes, el/los cáctus)
- Algunos sustantivos solo se usan en singular (dinero, hambre)
- Algunos sustantivos solo se usan en plural (gafas, tijeras)
- Hay excepciones como accésit, pírbull, chef que hacen su plural añadiendo una s al singular.
- Palabras terminadas en –z forman el plural –ces (arroz/arroces)

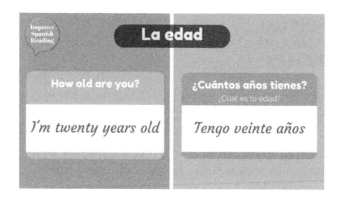

La edad

How old are you?

¿Cuántos años tienes?
¿Cual es tu edad?

I'm twenty years old

Tengo veinte años

EJERCICIOS DE COMPRENSIÓN LECTORA/READING COMPREHENSION EXERCISES

Escoge la respuesta correcta / Choose the correct answer

Ejercicios de comprensión lectora capítulo uno / Reading comprehension exercises chapter one

1.— ¿Cuántos años tiene Mario?

   a) Diez.
   b) Siete.
   c) Veinte.

2.— ¿Qué hay dentro de las galletas?

   a) Un papel con el nombre de Mario.
   b) Chocolate.
   c) Pistas para resolver un enigma.

Ejercicios de comprensión lectora capítulo dos / Reading comprehension exercises chapter two

3.— ¿Qué rompe Mario en la cocina?

   a) Una copa.
   b) Un jarrón.
   c) Un plato.

4.— ¿Qué dicen la nota y el abuelo que hay que tener para resolver un enigma?

a) Un perro.
b) Un bolígrafo y un papel.
c) La mente abierta.

Ejercicios de comprensión lectora capítulo tres / Reading comprehension exercises chapter three

5.— ¿Dónde encuentra Mario un sobre con un mensaje en su interior?

a) En la habitación.
b) En la copa de un árbol, que es la parte más alta del árbol.
c) En un armario.

6.— ¿Por qué piensan el abuelo y Mario en enanitos y pecados capitales?

a) Porque en el mensaje se puede leer la palabra "siete".
b) Porque Mario lee un comic sobre ello.
c) Porque no pueden dormir.

Ejercicios de comprensión lectora capítulo cuatro / Reading comprehension exercises chapter four

7.— ¿Con qué sueña Mario?

a) Con un adiestrador de perros.
b) Con un dragón de siete cabezas.
c) Con su abuela.

8.— ¿Qué le pasa a la madre de Mario?

a) Ella está embarazada.
b) Ella es conductora de autobús.
c) Ella está en Grecia.

**Ejercicios de comprensión lectora capítulo cinco /
Reading comprehension exercises chapter five**

9.— ¿Cómo se llama la profesora de Mario?

a) Señorita Rosa.
b) Tía Raquel.
c) Sara.

10.— ¿Qué lee Mario en clase en voz alta?

a) Un cuento sobre dragones.
b) Las pistas sobre el enigma.
c) El poema del siete.

**Ejercicios de comprensión lectora capítulo seis /
Reading comprehension exercises chapter six**

11.— ¿Qué dibujo hay en el pictograma?

a) Una espada láser.
b) Una galleta.
c) Unas alas divididas en dos partes.

12.— ¿Qué descubre Mario sobre el enigma?

a) Que es una cita.
b) Que es el mapa de un tesoro.
c) Que es un número de teléfono.

Ejercicios de comprensión lectora capítulo siete / Reading comprehension exercises chapter seven

13.— ¿Con quién hace Mario los deberes?

a) Con la señorita Rosa.
b) Con el abuelo.
c) Con sus amigos.

14.— ¿Qué le pasa a la madre de Mario?

a) Que tiene hambre.
b) Que tiene contracciones.
c) Que tiene fiebre.

Ejercicios de comprensión lectora capítulo ocho / Reading comprehension exercises chapter eight

15.— ¿Está Mario celoso de su hermana?

a) Sí, un poco.
b) No, en absoluto.
c) Solo algunos días.

16.— ¿Cómo se llama la hermana de Mario?

a) Patricia.
b) Sara.
c) Cristina.

**Ejercicios de comprensión lectora capítulo nueve /
Reading comprehension exercises chapter nine**

17.— ¿Por qué está triste Mario?

a) Porque llueve.
b) Porque no hay más galletas.
c) Porque nadie recuerda su cumpleaños.

18.— ¿A qué hora es la cita en el cobertizo?

a) A las cinco y media.
b) A las seis menos diez.
c) A las siete y veinte.

**Ejercicios de comprensión lectora capítulo diez /
Reading comprehension exercises chapter ten**

19.— ¿Qué lleva Mario a la cita en el cobertizo?

a) Unas flores.
b) Un casco, unas rodilleras y una espada láser.
c) Un sombrero, unas rodilleras y una espada láser.

20.— ¿Qué encuentra Mario en el cobertizo?

a) Unas monedas.
b) A su familia y amigos para celebrar su cumpleaños.
c) Un caballo como regalo de cumpleaños.

Soluciones a las preguntas:

1) B

2) C

3) A

4) C

5) B

6) A

7) B

8) A

9) A

10) C

11) C

12) A

13) B

14) B

15) A

16) B

17) C

18) C

19) B

20) B

NOTAS / NOTES:

NOTAS/NOTES:

NOTAS/NOTES:

Link audio:

https://soundcloud.com/garviar-teresa/audio-las-galletas-de-la-suerte/s-JbpDP

Download audio link:

https://drive.google.com/open?id=1EPZv_Csuax2VO6FnarheKJibr4505B0k

If you have any problems or suggestions, please contact us at the following email address:

improvespanishreading@gmail.com

Títulos de la colección publicados

hasta la fecha

Visita nuestra página web

http://improve-spanish-reading.webnode.es/

Made in the USA
Coppell, TX
01 May 2020